年谱图录选

安然 编

中国画报出版社 · 北京

图书在版编目（CIP）数据

年谱图录选 / 安然编. -- 北京 : 中国画报出版社，2017.1（2022.11重印）
（弘一大师文集）
ISBN 978-7-5146-1386-5
Ⅰ. ①年… Ⅱ. ①安… Ⅲ. ①李叔同（1880-1942）-年谱 Ⅳ. ① B949.92
中国版本图书馆 CIP 数据核字 (2016) 第 247149 号

年谱图录选　安然 编

出 版 人：于九涛
特别策划：吴红梅
责任编辑：于九涛 郭翠青
助理编辑：魏姗姗
封面篆章：朱广贺
责任印制：焦　洋
出版发行：中国画报出版社
（中国北京市海淀区车公庄西路 33 号　邮编：100048）
开　　本：32 开（787mm × 1092mm）
印　　张：5.75
字　　数：76 千字
版　　次：2017 年 1 月第 1 版　2022 年 11 月第 2 次印刷
印　　刷：三河市兴国印务有限公司
定　　价：28.00 元
总编室兼传真：010-88417359　版权部：010-88417409
发行部：010-88417360　010-88417417（传真）

《年谱图录选》出版说明

本书选编年谱文字参考了林子青先生的《弘一大师新谱》和萧枫先生的《弘一大师行谊大事年表》。图片来自弘一大师各个时期图书版本以及纪念馆影像资料。

整理此书，旨在希望读者在阅读《弘一大师选集》时，能从简短文字和大师的珍贵影像中，了解大师的生平事迹。

特向林子青先生和萧枫先生致谢！

2015 年 10 月 编著

1880年 庚辰 清光绪六年 一岁

10月23日，农历九月二十日，生于天津粮店后街陆家树胡同2号，籍贯浙江平湖。幼名成蹊，学名文涛，字叔同，又号漱筒。叔同行三，系侧室王氏所生。父名世珍，字筱楼，清同治四年进士，官吏部主事，后引退持家，经营盐业和银钱业，成为津门巨富，晚年成为天津较早的银行家。李筱楼乐善好施，创办“备济社”，向贫民施舍粮食棺木，又兴办义塾让贫儿上学，在津门一带博得“李善人”的雅号。

天津市河北区粮店后街60号李叔同故居一角

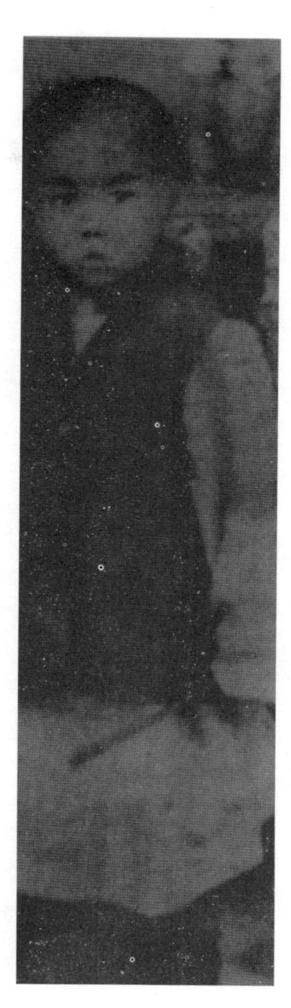

1883 年 4 岁的李叔同

1884年 甲申 光绪十年 五岁

9月23日，农历八月初五，父筱楼病故，卒年七十二岁。

此年，其父因病过世，李鸿章亲临李宅为之主丧。李家大办丧事，僧众行普济法事，并做了一场焰口。叔同目睹这些场面后，召小伙伴群起效仿，自命为“大和尚”。其父去世后，叔同母子受到排挤。自此从母亲王氏学习诵名诗格言。

1885年 乙酉 光绪十一年 六岁

从仲兄文熙（字桐冈，号敬甫，长叔同十二岁）受启蒙教育。

1886年 丙戌 光绪十二年 七岁

开始学《三字经》《百家姓》等启蒙书，后读《百孝图》《返性篇》《玉历钞传》《格言联璧》等。其母还教之以短诗。

1887年 丁亥 光绪十三年 八岁

从乳母刘氏习诵《名贤集》。又从常云庄受业，读《孝经》《毛诗》等。开始攻读《文选》。叔同日诵五百，过目不忘，进步飞快，常受其师常云庄赞赏。此后又读过《唐诗》《千家诗》《四书》《古文观止》《尔雅》《说文解字》等。

十三岁学篆，因常陪同大娘郭氏——李筱楼之大姨太前往无量庵，学会念诵《大悲咒》《往生咒》。家中有京戏班子唱堂会，因好奇而学习唱戏。

十五岁有“人生犹似西山日，富贵终如草上霜”等诗句吟诵。

1895年入天津辅仁学院学习。自夏天起，开始学习算术、外语等西方教育内容，接受“新学”。

1896 年 17 岁 摄于天津

1896 年 丙申 光绪二十二年 十七岁

从天津名士赵幼梅学诗词，喜读唐五代作品，尤爱王维。兼习辞赋、八股。又从唐敬岩学篆隶刻石。唐静岩书钟鼎篆隶各一小册，李叔同为其刊行，并题签，署名“当湖李成蹊”。是年天津有减各书院奖赏银归洋务书院之议，叔同以为“照此情形，文章虽好，亦不足制胜”，遂请人教算术、外文。此间广交津门艺林名士，著名教育家严修，大文豪孟广慧，大书法家王吟笙，大画家陈篙洲等诸多学者、书画大家皆与其交往甚密，使之得到广泛的艺术熏陶。是年以文童身份进入天津县学，开始学习八股文。

1897年 丁酉 光绪二十三年 十八岁

奉母之命，与天津卫芥园俞家茶庄的茶商之女俞氏成婚。俞氏长叔同二岁，端庄淑静。李家大办婚事，其兄从家产中拨出三十万元供叔同家用。以童生资格应天津县儒学考试，学名李文涛。同时，买德国钢琴，开始学习拜厄的《钢琴基本教材》及车尔尼的《钢琴初步教程》。

1898 年 19 岁 摄于天津

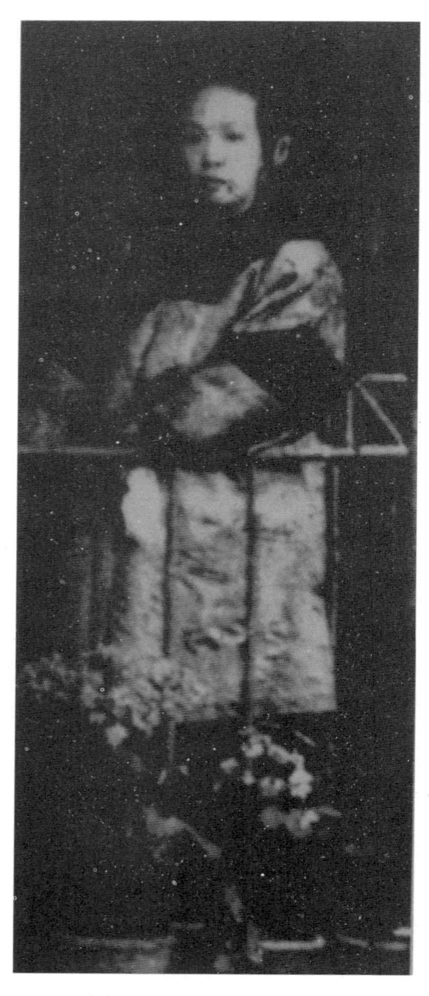

李叔同夫人俞氏 摄于天津

1898 年 戊戌 光绪二十四年 十九岁

是年清光绪采纳康梁维新主张，下诏定国是。叔同赞同康梁变法主张，慨叹：“老大中华，非变法无以自存。”相传自刻“南海康君是吾师”印以明志。

是年奉母携眷迁居上海，赁居法租界卜邻里。与“沪学会”的许幻园等结识，加入“城南文社”，所作诗文为同人之冠。刊《李叔同先生印存》一书，收作品一百三十九方。

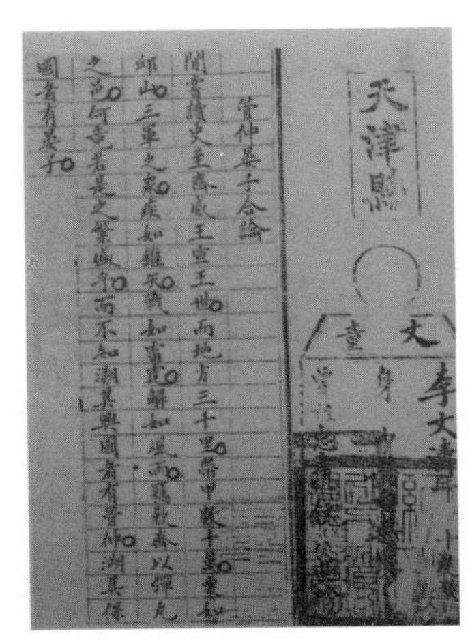

1898 年入天津县学课试论文手迹

1899 年 己亥 光绪二十五年 二十岁

“城南文社”许幻园慕其才，让出许家城南草堂一部分，叔同全家遂迁入。是年与袁希濂、许幻园、蔡小香、张小楼结为“金兰之谊”，号称“天涯五友”，曾合影留念。

1899 年春季，在许幻园盛情邀请下，携全家迁入沪南青龙桥许家城南草堂，幻园为叔同所居院落题名“李庐”。是年，叔同长子葫芦产后即夭折。

1899 年李叔同与文友毛文圣（右立者）摄于上海城南草堂

1900 年 21 岁 摄于天津

1900年 庚子 光绪二十六年 二十一岁

正月，作《二十自述诗序》，为四言诗作序以自省。

春，北上开封以童生身份参加了考试，考取第三名。与书画名家组织上海书画公会，任伯年、朱梦庐等皆为会员，每周出《书画报》一纸。

11月10日，农历九月十九日，子李准生，作《老少年曲》自勉。

相继刊印《李庐印谱》《李庐诗钟》，出版《诗钟汇编初集》。

天涯五友

1899 年李叔同（左起）与江阴张小楼、江湾蔡小香、宝山袁希濂、华亭许幻园结拜金兰

摄于上海

左为李叔同的长子李准 中为夫人俞氏 右为李晋章夫人金氏偕子

1901 年 辛丑 光绪二十七年 二十二岁

春，曾回天津，拟赴河南探视其兄，后因义和团抗击八国联军，道路阻滞，未能成行，遂在津滞留两月有余，回上海。叔同此次北上留有多首诗词佳作，如《南浦月·北行留别海上同人》《轮中枕上闻歌》《到津愁不成寐》等。

五月写成《辛丑北征泪墨》在上海出版，所记多为此行往返见闻和感受。

九月，考入位于上海徐家汇的交通大学前身南洋公学特班，改名李广平。受业于蔡元培。同学中有黄炎培、邵力子等后来的著名人士。

秋，曾赴河南开封参加乡试，未取。

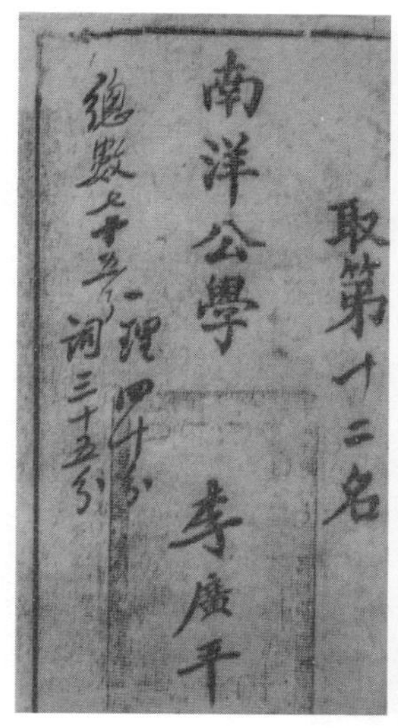

1901 年入上海南洋公学试卷
受业于蔡元培门下

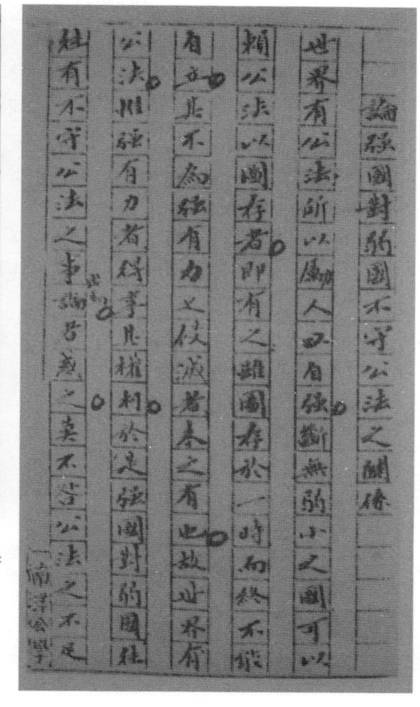

在南洋公学作文手记

1902 年 壬寅 光绪二十八年 二十三岁

各省补行庚子、辛丑恩正并科乡试。叔同以平湖县监生资格，报名应考，未中，仍回南洋公学。在南洋公学与同学合演新剧《六君子》等。

年底，校方禁止学生阅读《民报》一类进步书报，压制言论自由，学生掀起我国近代史上首次学潮，随即叔同等愤而退学。

十一月，二十几名退学学生全部加入由蔡元培任总理，吴稚晖任学监的“爱国学社”继续学习。

叔同在课余还参加《苏报》的编辑工作。

1902 年 23 岁 摄于上海

1903年 癸卯 光绪二十九年 二十四岁

黄炎培、许幻园等青年进步分子创建“沪学会”，以“兴学”和“演说”为主要活动内容，向贫苦大众开办补习学校。叔同在夜校里特设“乐歌课”，开中国音乐教育之先。

任上海圣约翰大学国文教授。不久去职。

翻译日文书《法学门径书》《国际私法》，交开明书店出版。

1904年 甲辰 光绪三十年 二十五岁

在上海实践戏剧，粉墨登场，票演京剧。

参与沪学会，提倡尚武精神，宣传移风易俗。

12月9日，农历十一月初三，子李端生。

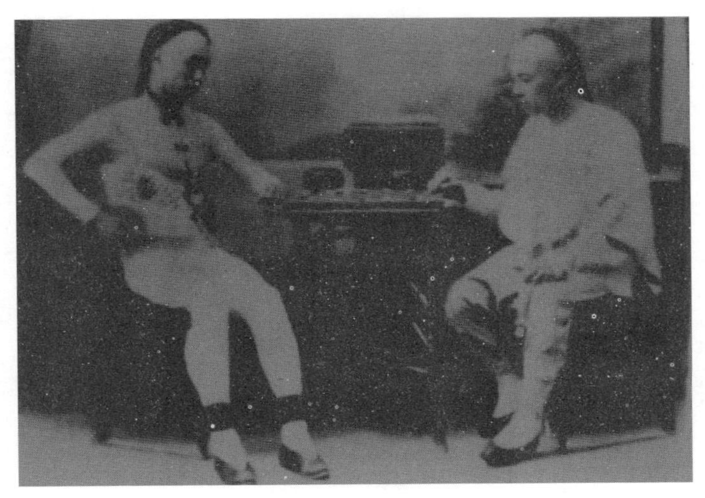

1905 年李叔同与其兄李桐冈下棋 摄于天津

1905年 乙巳 光绪三十一年 二十六岁

沪学会演出新戏《文野婚姻》，叔同写作剧本，并作诗《沪学会〈文野婚姻〉新戏册撰成感赋》以资纪念。

2月，选曲并作词写成《祖国歌》，此曲抒发了叔同满腔的爱国热忱，具有极强的感染力与号召力，迅速风靡全国。

3月10日，农历二月初五，母王氏病逝。扶柩回津。首倡丧礼改革。破除旧习，举行新式追悼会，亲写悼词并唱《挽歌》。治丧之后，叔同改名李哀，字哀公，以示对母亲的追念。将妻儿安置在天津，独自返沪。

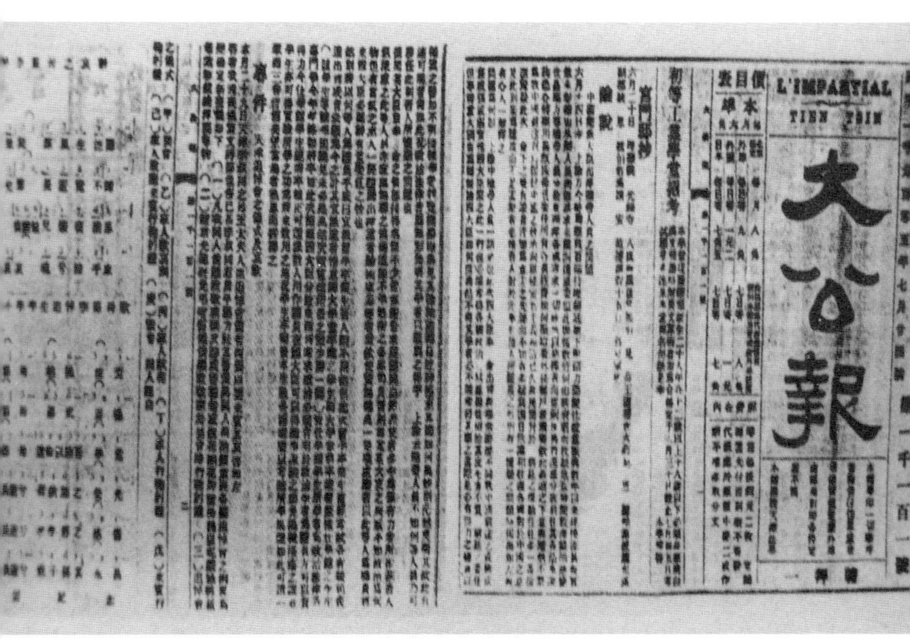

L'IMPARTIAL

TIEN TSIN

大公報

1905 年 7 月 23 日《大公报》对李叔同改革丧仪的报道

6 月，叔同取得南洋公学文凭，决定东渡日本留学，临行前作《金缕曲·留别祖国并呈同学诸子》。

9 月东渡，入上野美术专科学校专攻西洋画，改名李岸。同时关注歌曲创作，编辑《国学唱歌集》，收歌二十余首，交上海中新书局出版。

1905 年秋 李叔同选词配曲的《国学歌唱集》初编书影

1905年 摄于日本东京

1906 年 丙午 光绪三十二年 二十七岁

在学习美术的同时，又学习钢琴、西洋戏剧。

独立创办《音乐小杂志》，并于 2 月 8 日在东京印刷，5 天后寄回上海发行。此乃中国第一份音乐杂志。创刊号发表有《〈音乐小杂志〉序》《乐圣比独芬（贝多芬）传》《近世乐曲大意》及教育歌曲《我的国》《春郊赛跑》、别体唱歌《隋堤柳》、杂感《呜呼！词章！》《论音乐之感动力》等十几篇稿件，山东京三光堂印刷，寄回国内交上海尤惜阴发行。

1906 年李叔同编印的
《音乐小杂志》
封面为其设计

李叔同于东京美术学校毕业时的自画像 日本东京艺术大学美术馆藏

8月，因患肺结核，返天津省亲养病，旅途中作有《醉时》《昨夜》《初梦》等多首诗词，抒发了作者怀念故国，忧时愤世之情。

9月入东京美术学校油画科。同时又于校外从上真行勇学音乐戏剧。初名李哀，后改名为李岸。

冬，与学友一起创办春柳社，为中国第一个话剧团体。在日本加入同盟会。

1907年 丁未 光绪三十三年 二十八岁

2月，在东京与曾延年（即曾孝谷，字存吴）等共同发起成立“春柳社”，是近代中国最早的话剧团体，开中国新剧表演艺术之先。春柳社为国内徐淮水灾赈灾义演《茶花女遗事》，李叔同自扮茶花女玛格丽特。此为中国话剧演出实践之第一。该剧公演取得巨大成功，春柳社迅速发展至八十多人。

1907 年李叔同在春柳社饰演茶花女时的造型

7月10～11日，农历六月初一初二，公演《黑奴吁天录》，叔同饰演爱米丽夫人及跛醉汉两个角色，并兼任舞美等职。此剧的公演又大获成功，获得日本戏剧评论界的高度赞扬。

叔同与自己的绘画模特—— 一位日本姑娘相爱，并娶其为妻。

1907年春柳社于东京演出《黑奴吁天录》的海报

李叔同参与演出的《黑奴吁天录》第二幕场景
左起第四人为欧阳予倩 第五人为庄云石 第八人为李叔同 第九人为黄二难

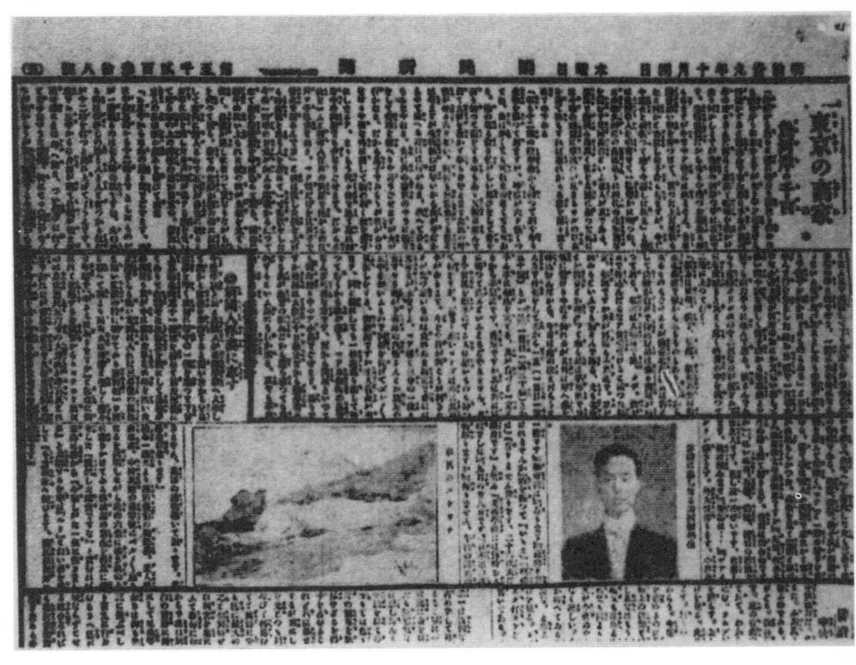

日本《国民新闻》记者访李哀即叔同记事
——《清国人志于洋画》

1909 年李叔同留学日本时
因学业成绩优异得瓷花瓶奖品一件

1910 年装扮成日本军官留影

李叔同在日本留学时与印度同学换装合影

1910年 辛亥 清宣统元年 三十一岁

因清政府将盐业改为“官盐”，李家投资于盐业的银号损失近百万元。叔同在修完东京美术学校西画科学业后，中止在音乐学校的学习，偕日籍夫人回家，将其安顿在上海，只身返津与家人团聚。

是年秋，开始在天津工业专门学校任教。

1911年 辛亥 清宣统二年 三十二岁

转至直隶模范工业学堂，任美术教员。

1911年3月 日本东京美术学校毕业纪念照中的李叔同(第二排左三)

民国初年与夏丏尊
在杭州祭孔仪式上

1912年 壬子 民国元年 三十三岁

春，抵上海，任教于城东女学，授文学、音乐课。

4月加入南社，参加南社第六次雅集。为《南社通讯录》设计封面并题签。

陈英士创办《太平洋报》，叔同任画报副刊主编，兼管广告。

与柳亚子等创办文美会，编辑名家书画印稿，主编《文美杂志》。

辛亥革命成功，李叔同填词《满江红》。

7月，《太平洋报》被封，应浙江两级师范学校校长经亨颐之邀，赴杭州任图画、音乐教师。从此，李叔同专心于教育事业，在艺术领域培养出大量人才，其学生中后来卓有成绩者有丰子恺、刘质平、吴梦非、李鸿梁蔡丐因等。

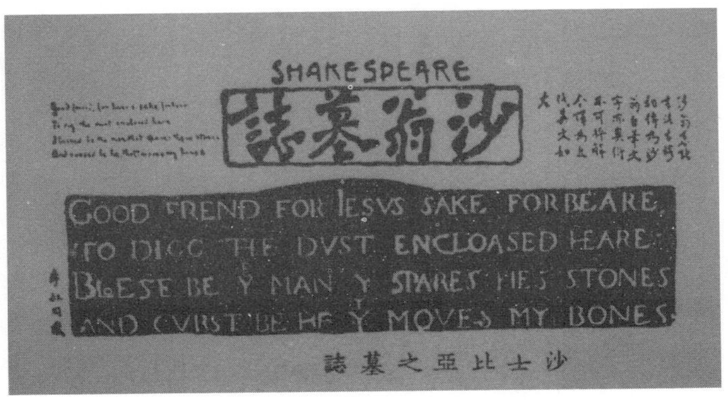

1912年 李叔同设计绘制的莎士比亚墓志

1913年 癸丑 民国二年 三十四岁

是年浙江省两级师范学校改名为浙江省立第一师范学校。

为更好地传播音乐、美术等艺术门类知识，李叔同以“浙师校友会”的名义创办综合性文艺刊物《白阳》，集写稿、编辑、题图、封面设计于一身，并作《〈白阳〉诞生词》。《白阳》创刊号发表有李叔同之文学论述《近世欧洲文学之概观》，音乐论述《西洋乐器种类概说》，美术论述《石膏模型用法》，另外还发表有李叔同作词并配曲的三部合唱曲《春游》——这是中国近代音乐史上第一部合唱曲。《白阳》是我国近代最早的艺术教育校刊。

是年，浙江省教育厅有官员来校巡查，认为在美术课使用裸体模特有伤“风化”，下文“不得在图画课上画模特儿”，引发师生的强烈不满。最终师生取胜。

《袭红轩印谱》书影
《李叔同先生印存》书影

1913 年李叔同 息霜
作《春游》手迹

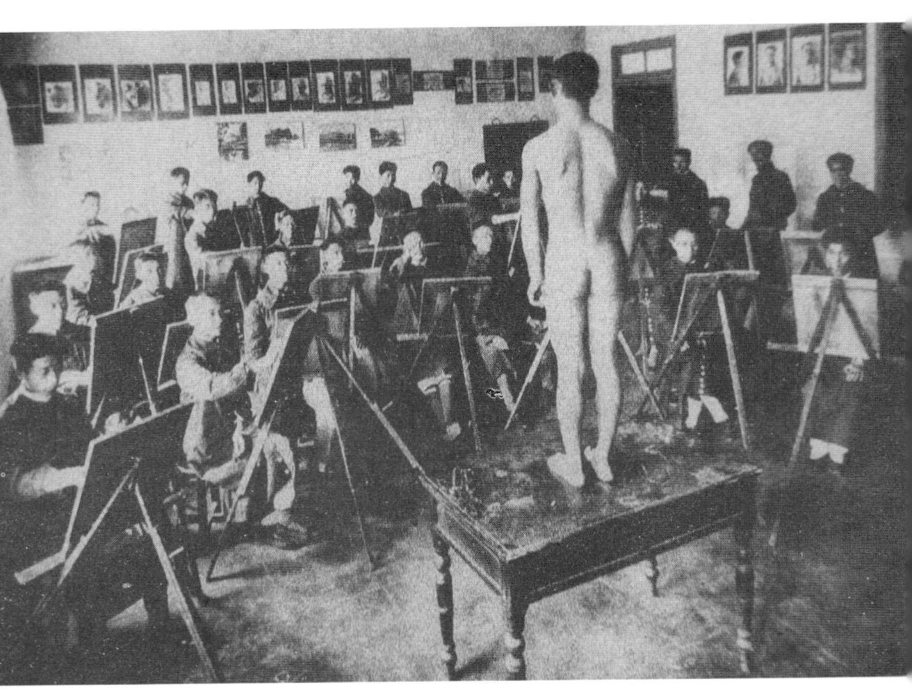

1913年 在浙江两级师范学校与学生合影 后排左二站立者为李叔同

1914年 甲寅 民国三年 三十五岁

2月，在浙一师成立“洋画研究会”，定期举办各种活动，普及西洋画知识。

课余集合经亨颐、夏丐尊等友生组织成立乐石社，被选为第一任社长。

与著名书画金石家吴昌硕往来频频并应约加入西泠印社。

5月，黄炎培来校考察，对李叔同所担任之音乐、美术课印象深刻，特在商务印书馆出版的其《考察教育日记》中予以高度评价：

其专修科的成绩殆视前两级师范专修科为尤高。

主其事者为吾友美术专家李君叔同（哀）也。

《乐石》第一集封面书影

1915 年 李叔同 摄于杭州

1915 年 乙卯 民国四年 三十六岁

仍在浙江省立第一师范学校任教，同时应聘任教南京高等师范学校图画音乐课。在南京组织宁社，倡导书画艺术。

在任教期间作歌颇多，有《送别》《早秋》《忆儿时》《悲秋》《月夜》《秋夜》等。是年是叔同歌曲创作的高峰期，其中以《送别》最为著名。

1916年 丙辰 民国五年 三十七岁

拟在杭州西子湖畔创建“中华艺术师范学校”，并聘徐悲鸿、陈师曾、夏丏尊等著名艺术界人士来校任教，为国家培养艺术师范人才。可惜，天时不济，李家赖以生存的“桐达银号”在此际宣告彻底破产，李叔同教育救国之大业也随之幻灭。

是年夏，得意门生刘质平自浙一师毕业，李叔同力劝其东渡日本继续深造，虽为其努力争取官派经费不成，但在他之大力帮助下，终于使刘得以成行。

同事夏丏尊偶见日本杂志有关于断食的文章，遂介绍叔同阅读，即决心一试。于年底入虎跑寺断食十八天，有《断食日志》详记之。

对佛教兴趣渐浓，有辞去两校教职之意，无奈两校均“坚留”不允。

李叔同一家
摄于 1916 年

左起第一排
李孟娟 圣章之女
黄宝琪 伯巽之子
黄宝松 伯巽之女

第二排
李端 叔同次子
卢氏 桐冈侧室
金氏 晋章夫人
邹氏 圣章夫人
李坤 桐冈之女
李准 叔同长子

第三排
李谦 桐冈之女
俞氏 叔同夫人
郭氏 世珍侧室
李氏 叔同堂姐
李伯巽 桐冈之女

第四排
李晋章 桐冈之子
李桐冈 叔同之兄
李圣章 桐冈之子

1916 年 入大慈山断食后留影 摄于杭州

1917年 丁巳 民国六年 三十八岁

同事夏丏尊偶见日本杂志有关于断食的文章，遂介绍叔同阅读，即决心一试。

自上一年底至是年一月上旬，利用年假时间，在杭州大慈山虎跑定慧寺试验断食，由校役闻玉陪侍，共历时三周。第一周，由每餐一碗半饭，逐渐减至每餐一碗粥；第二周，全部断食，每餐仅饮清水一杯；第三周，由每餐半碗粥，渐渐恢复原来的食量。

断食期间，每天或练字刻印，或调息静坐。三周中，共作书法一百多幅，刻印数枚，并作《断食日记》。

李叔同对外改称“李婴”。断食后，李叔同与著名佛教居士马一浮交往甚密，并在其指导下全心学佛。

自是年下半年起，李叔同开始发心吃素。入冬后，请回诸多经卷即《普贤行愿品》《楞严经》《大乘起信论》，潜心读经，又在房间里供奉地藏菩萨、观世音菩萨的佛像，并天天为之焚香。

是年冬季，因刘质平留学经费发生困难，叔同愿每月无偿资助其留学费用直至毕业。

1918年 戊午 民国七年 三十九岁

年初，在虎跑寺过年。正月初八日，适逢彭逊之在此“发心出家”，并由虎跑寺当家为他剃度，李叔同在场大受感动，故即于正月十五日，1918年2月25日皈依三宝，礼了悟法师为皈依师，取法名演音，字弘一。起初为在家弟子，自称“来沙弥”。

6月下旬，李叔同在浙一师提前举行图画、音乐课之期终考试。

6月底，李叔同将自己的所有财物分赠他人——将当年上海名妓朱慧百、李苹香赠他的诗画扇页，他赠与金娃娃的同卷，以及所书“前尘影世”横额，一块金表，均赠与夏丏尊；将自己的油画、水彩画作品，寄赠北京国立美术专门学校；将自己的金石作品及所藏名家金石作品，赠给西泠印社；将画谱等美术书籍、《莎士比亚全集》及自己的几幅书画作品，赠丰子恺留存；将音乐书籍赠给刘质平；将文具、《南社文集》赠给王平陵；将钢琴等家产赠给日籍夫人；将一些衣物赠给校役闻玉。

随即，换上麻布长衫，与弟子丰子恺、刘质平合影留念后，即在丰子恺与闻玉的护送下，正式去大慈山虎跑寺出家了。

8 月 19 日，相传是大势至菩萨的诞辰，李叔同于此日正式剃度落发。

10 月中旬，在灵隐寺受比丘戒。其间读《宝华传戒正范》《灵峰毗尼事义集要》等书，立誓学戒宏律，将失传已久的律宗发扬光大。

西泠印社“印藏”藏李叔同出家时所赠金石作品的题照

1918 年 与刘质平（左）丰子恺（右）摄于杭州

自此，弘一大师谨遵“过午不食”之戒。

年底应马一浮之召至杭州海潮寺打七。

1918 年 李叔同剃度处杭州虎跑定慧寺

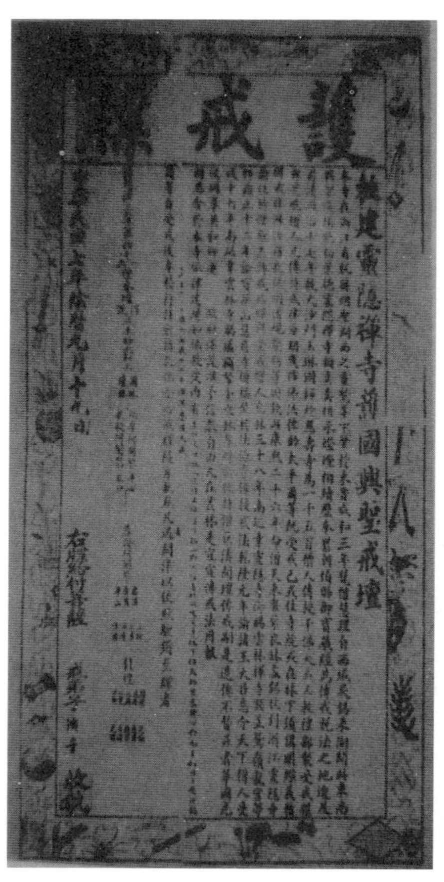

護戒

敕建靈隱禪寺護國興聖戒壇

1918 年 9 月 17 日 弘一法师受戒后的护戒牒

1919 年 乙未 民国八年 四十岁

春，小住杭州艮山门外井亭庵，不久移居玉泉清涟寺。

夏，居虎跑寺。

日籍夫人曾专程来杭州虎跑寺求见，弘一坚持未见，夫人挥泪离去，返沪后在丰子恺资助下回国。

秋，在虎跑大慈寺从华德大师习唱赞颂，并亲手书录《赞颂辑要》，并作《赞颂辑要·并言》，归纳了歌唱赞颂之大大便利。

是年，受范古农居士之启发，为弘扬佛法，广植佛田，开始挥毫为求书者书写佛语等，其书法艺术渐趋顶峰。

1919年 与留日陆露沙医生 摄于杭州

1920 年 庚申 民国九年 四十一岁

春，居玉泉寺。《印光法师文钞》出版，作《印光法师文钞题辞并序》。

夏，赴浙江新城闭关，精研律宗经典《戒本疏》《羯磨疏》《行事钞》《灵芝记》等。

中秋后移居浙江衢州莲花寺，继续精研律宗典籍。

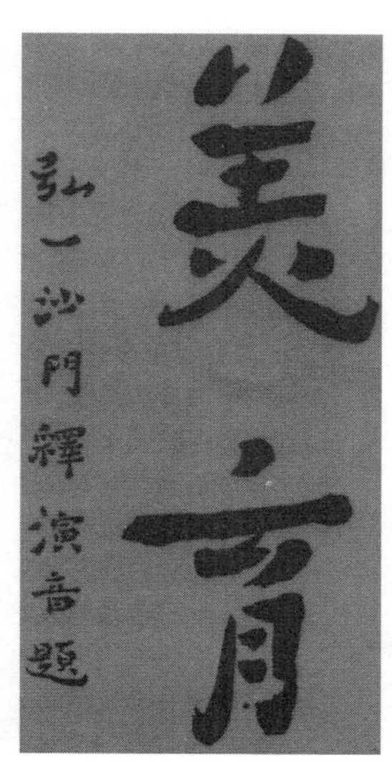

1920 年弘一大师为《美育》杂志题字

1920 年 弘一法师 摄于杭州

1921 年 辛酉 民国十年 四十二岁

正月，自衢州返杭州，居玉泉寺，披寻《四分律》，始览诸先师之作。

春，自杭州赴温州，居庆福寺，撰《谢客启》，掩关治律。

夏，至温州庆福寺，再三请求，方得拜该寺住持寂山上人为依止师。所编《四分律比丘戒相表记》初稿完成。

丰子恺赴日留学前曾专程探望弘一大师并与之辞行。

是年，俗家次子李准得子，写信请求大师赐名，大师以扬善普度为本，为其取名“增慈”。

1921 年 与陶秉珍 朱章卿 摄于杭州玉泉寺

1922 年 壬戌 民国十一年 四十三岁

正月初三，在家妻俞氏病故，俗家仲兄文熙来信嘱返津，本拟北上奔丧，无奈北方正值“直奉大战”，动荡不宁，交通不便，未得成行。

仍居庆福寺，闭关修道，编著《四分律比丘戒相表记》。

五月，复俗侄李圣章信。此信历叙出家前后情况，内容详尽，成为后人研究弘一大师的重要史料之一。

夏季，患痢疾，多日方愈。

冬季，返温州庆福寺。据明代高僧灵峰《五戒相经笺要》及《有部律》诸典，辑《五戒持犯表记》一册，后又增加《三皈略义》等文，刊印传世。

1922 年 摄于温州
后排左 因弘法师
中 寂山法师
右 弘一法师

1922 年 与因弘法师 周孟由居士 摄于温州

1923年 癸亥 民国十二年 四十四岁

春，至上海，与尤惜阴居士合撰《普劝发心印造经像文》，内容分为六大部分——

一、印造经像之功德

二、印造经像之机会

三、印造经像之方法

四、发愿文之程式

五、写时画时之注意

六、结论

其余“结论”章后附：刊于一九二四年上海商务书局印行之《印光法师文钞·增广本》卷四。

曾居太平寺，题元魏昙鸾《往生论注》，并录印光大师法语于卷端。

夏，谢绝寂山上人邀其出任宝严寺住持之请求，表明自己专心治律之志。为杭州西泠印社书《阿弥陀经》一卷。赴杭州灵隐寺听慧明大师讲《楞严经》。

秋，赴衢州莲花寺。作《绍兴开元寺募建殿堂疏》及《大中祥符朗月照禅师塔铭》。

年底，返温州养病。

1924年　甲子　民国十三年　四十五岁

春，由衢州莲华寺移居三藏寺。不久，取道松阳、青田抵温州。

夏，在温州整理《四分律》，曾手书《四分律比丘戒相表记》并定稿。此书系弘一大师最重要的佛学著作，系以唐代南山律祖之《行事钞疏解》为表，再根据宋代灵芝律师、明代见月大师之注解分条写出按语而成。全书均由大师亲笔楷书工写，后由中华书局影印出版。

五月，赴衡州莲花寺，书《华严净行品偈》一卷。

六月，经三次致信“竭诚哀恳”，方得赴浙江普陀山参礼印光法师。印光法师专弘净土，密护诸宗。大师得与印光法师在后山共居七日，悉心求教，受益匪浅。

秋，患菌痢，大病一场。

1924 年 摄于衢州祥符寺
后排 右 江山 毛世根
　　 中 龙游 吴南章
　　 左 姑苏 尤墨君

1925 年 乙丑 民国十四年 四十六岁

年初，在温州庆福寺潜心研究佛教经典。

春末夏初，外出云游，计划由温州到宁波，再经南京到安徽九华山朝圣。无奈时值苏浙军阀混战，交通阻滞，大师到达宁波后即滞留于此，挂褡于七塔寺。夏丏尊闻讯后，请大师去上虞白马湖居住。数日后，大师又前往绍兴。后大师又去杭州，在杭州书《梵网经》赠著名书画家吴昌硕，吴亦书七律一首相赠。

秋季，又返回温州庆福寺，精研《华严疏钞》，发愿弘扬《华严经》。

1926年 丙寅 民国十五年 四十七岁

春，抵杭州，寓招贤寺，开始校勘《华严疏钞》，决心“以二十年卒业”。夏丏尊、丰子恺曾自沪至杭专程拜访。

六月，假道上海准备赴江西庐山，在沪会晤丰子恺，并重访故居“城南草堂”。

夏季，与弘伞法师同赴庐山参加金光明道场，分送三百幅经文偈句，其间居牯岭后青莲寺，不久后又返回杭州。

在庐山时，写《华严经十回向品·初回向章》，太虚大师推为近数十年来僧人写经之冠。

1927 年夏与普行法师 摄于杭州本来寺

1927 年 丁卯 民国十六年 四十八岁

春，闭关杭州云居山常寂光寺。特邀请堵申甫居士来寺为之护法，精研《华严疏钞》。此间，弘一大师俗侄李圣章曾来寺探望大师，劝其还俗，结果无功而返，临别大师赠其一本手抄《华严经》及一件旧僧袍。

在此期间社会上有毁佛之议，大师为护法，提前出关，致函蔡元培、经亨颐等旧友，力陈整顿佛教之意见。并召见部分青年，竭力开导。

秋，至上海，居江湾丰子恺家，主持丰子恺皈依三宝仪式。与丰子恺商定编绘《护生画集》计划。

冬，丰子恺、裘梦痕编辑《中文名歌五十首》交由上海开明书店出版，内收弘一大师早年所作歌曲二十五首之多。此书出版后，即被众多学校选作音乐教材，多次再版，影响巨大。

1927 年 与俗侄李圣章 摄于杭州西泠印社

1928年 戊辰 民国十七年 四十九岁

是年开始《清凉歌集》的写作。

春夏之间，在温州。

七至九月，由温州至上海，与丰子恺、李圆净共同商量编辑《护生画集》，李圆净选材，丰子恺作画，弘一大师题词。所作题词有的系自己创作，有的选自古人诗作。全书诗书画合一，以“人道主义为宗趣，以画说法”，提倡护生，反对杀生。弘一大师在卷首书写题赞：

普渡众生 承斯功德 同发菩提 往生乐园

表明了创作此书的主旨。《护生画集》一九二九年由上海佛学书局出版，在国内外影响广泛。

十一月九日，在丰子恺三十岁生日之日，弘一大师在丰子恺江湾寓中为其授皈依，要求其实行“五戒”，并赐法名“婴行”。

冬，刘质平、夏丏尊、丰子恺、经亨颐等共同集资，发起在白马湖筑屋，供大师居住。

年底，佛教居士尤惜阴、谢仁斋拟去泰国弘法，弘一大师闻讯与之同行。船至厦门，大师因身体不适弃船登岸，受到厦门大学创始人陈敬贤的热烈欢迎，闽南佛学界亦热忱欢迎大师在闽弘法。大师遂与尤、谢二居士分手，在福建名刹南普陀寺挂褡。

在厦门南普陀寺与芝峰法师、大醒法师、法愿法师等高僧相识。

1928 年 冬 刘质平、夏丏尊等人
于浙江上虞白马湖为弘一大师建造的晚晴山房

1929年 己巳 民国十八年 五十岁

正月，自南安小雪峰至厦门南普陀寺，居闽南佛学院，参与整顿学院教育。

春，返温州，自厦门返回温州途中，在福州鼓山涌泉寺发现清初刻本为霖禅师之要著《华严疏论纂要》，乃倡印二十五部，分赠国内外各大丛林，后经内山完造将其中十二部赠送日本各大名寺及各大学图书馆。

夏季，在温州庆福寺继续《清凉歌集》的创作。由弘一大师作词，刘质平、俞绂棠、潘伯英、徐希一、唐学咏等作曲，先后在上海新华艺专和宁波中学试唱，后又经过七年的反复推敲，1936年由上海开明书店出版。本歌集系弘一大师出家后歌曲创作的精华所在。

九月，与惟净法师一同至上虞白马湖，夏丏尊、经子渊、丰子恺、刘质平等集资为弘一大师建造的晚年居所在此落成，大师为之题名“晚晴山房”。

十月，在晚晴山房与护法会诸友共度五十寿辰。

在大师五十寿诞之际，上海开明书店将大师在俗时所临各种碑帖辑成《李息翁临古法书》出版，以示庆贺，由夏丏尊负责选辑。《护生画集》由上海开明书店出版。五十幅由丰子恺所绘的护生画皆由大师配诗并题写。

10 月底，赴沪乘船至厦门，在南普陀寺协助闽南佛学院院长常惺法师整顿学院。

冬月，重至厦门、南安，与太虚大师在小雪峰度岁，并合作《三宝歌》。

在闽与广洽法师结识。

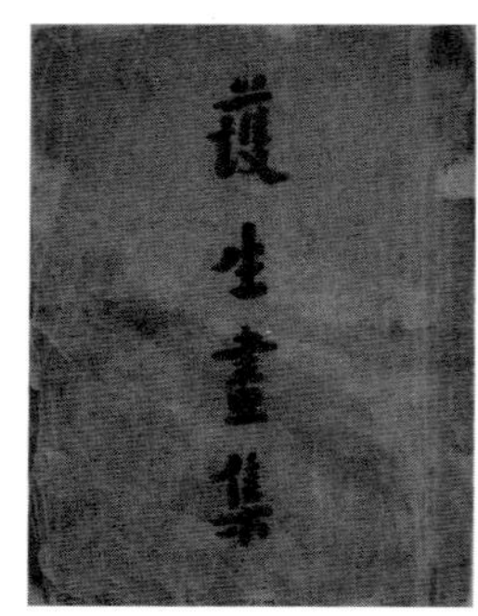

1929 年为祝贺弘一大师五十岁生日
丰子恺等主编的《护生画集》出版
这是大师题字的初集书影

1929 年　摄于上海港“宁绍轮”。
左起　黄寄慈　陈伦孝　夏丏尊　弘一大师　刘质平　李哲成

1930 年 庚午 民国十九年 五十一岁

正月，自小雪峰至泉州承天寺。

赴温州，后至白马湖。

秋，赴慈溪金仙寺讲律。

冬月，赴温州庆福寺。

一月，与太虚法师一同前往南安小雪峰寺过年。

二月，在小雪峰寺与太虚法师合作《三宝歌》，由太虚作词，弘一大师谱曲。

二月底，赴泉州承天寺，帮助性愿、广义等法师创办“月台佛学研究社”。

四月，返回温州庆福寺，而后即返上虞白马湖晚晴山房，全力校点天津刻经处新版《南山行事钞》。

九月，去慈溪白马湖金仙寺参加静权法师讲经的法会，历时两月。由天台山来的静权法师宣讲了《地藏菩萨本愿经》等，对弘一大师启发至深。在金仙寺期间，书成《华严集联三百》。

年底，返回温州庆福寺。

1931 年 辛未 民国二十年 五十二岁

正月，患恶性疟疾，起初在温州庆福寺休养，后由刘质平护送至晚晴山房将养，后又被请至上虞法界寺。

四月，受著名佛教居士徐蔚如的启发，发愿捐舍《有部》，改学《南山四分律》。

四月二日作《学南山律誓愿文》，并在上虞法界寺佛像前宣读。

五月，于法界寺预立遗嘱（二）。

夏季，在慈溪五磊寺佛前发愿，以三年为期，演讲律宗三大著作：《行事钞资持记》《四分律行宗记》《羯磨疏随缘记》，以在佛教界形成一种重律严戒的好风气。亦幻法师发起创办南山律学院，请大师主持于五磊寺，后因与寺主意见未洽，遂离去。

秋，广洽法师函邀大师赴厦门。在金仙寺作《清凉歌》。

此间，大师往返于白衣、五磊、金仙寺，并与金仙寺住持亦幻、五磊寺住持栖莲共商在五磊寺筹建南山律学院之事。亦幻、栖莲假此缘由至沪向东北军将领朱子桥居士募得银元一千元。返回宁波白衣寺后，又请大师为其作《南山律学院缘册题序》，此后又请大师担任律学院院长之职……这一系列行为，均有违于大师曾立下的誓言一不做住持，二不化缘，三不收徒弟；更有违于大师“弘扬律学严肃僧纪”的创办律学院之初衷，创办“南山律学院”之事遂不了了之。

九月，广洽法师来函请大师回厦门过冬，大师遂在月底经绍兴、杭州返沪。在绍兴时，巧遇蔡因居士，蔡居士为大师画像，并请大师撰写自己的年谱，大师婉拒。及至上海，正逢“一 · 二八”事变前夕，时局动荡，大师在夏丏尊、刘质平、丰子恺等的劝阻下，改道去绍兴戒珠寺。

1930 年 左起第四人为弘一大师 第五人为虚云大师 摄于宁波白衣寺

1931 年 大师门生李鸿梁 摄于浙江绍兴快阁

1931 年 左起第一人为弘一大师 摄于杭州

1932年 壬申 民国二十一年 五十三岁

正月，在镇海伏龙寺度过春节。

二月，在慈溪金仙寺宣讲律学。赴白马湖为寺僧华云、崇德等讲授律学约半月，此后半年左右均在浙东游学。

五月，为陈垣所作《题弘一法师墨迹》一诗题写“附记”。是月间，又回到温州，应温州庆福寺护法赵伯厩居士之请，为赵之亡祖母写经回向，书《普贤行愿品》一卷。

七月，刘质平来庆福寺探望弘一大师。在父李筱楼诞生一百二十周年之际，大师书李筱楼遗联：

事能知足心常惬 人到无求品自高

后将此联赠给刘质平。此间，又完成多种书法作品，最珍贵者当属《佛说阿弥陀经》。

秋后，大师再回伏龙寺与白马湖两地。

阴历八月初，回上虞法界寺。

阴历八月十一日，突患“伤寒夹痢疾”之重病。

阴历八月十九日方愈。

1932 年 摄于上海

11 月，因八月间大病之故，自觉浙江寒冷的冬季已不再适合于自己老病的躯体，遂应广洽法师之邀，取道上海至厦门，先居于妙释寺，后移居万寿岩。自此之后，大师一直居留于闽南。

同月，在妙释寺作题为《净土法门大意》之讲演。

在万寿岩期间，编辑一册《地藏菩萨盛德大观》，以纪念“地狱不空 誓不成佛”的地藏菩萨。

1932 年 摄于厦门南普陀寺
前排左起第 11 人为弘一大师 第 12 人为太虚大师

1933年 癸酉 民国二十二年 五十四岁

1月，自万寿岩正式移居妙释寺。在该寺作《改过实验谈》及《人生之最后》两次讲演。

2月10日，在妙释寺作题为《南山律苑讲别录》的讲演。

2月15日，始在妙释寺宣讲《四分律含注戒本疏》及大师自作之《四分律比丘戒相表记》。此前发愿弘律，重振南山律宗。

3月，自初九日开始在万寿岩向瑞今、广洽等律学弟子宣讲“羯磨”，至五月初八圆满。律学弟子们深得教益，全部向大师学习，发心过午不食。

5月1日、31日，大师于万寿岩分别作题为《地藏菩萨之灵感》《授三皈依大意》的讲演。

1933 年 摄于厦门万寿岩

6月，应泉州开元寺住持转物老和尚的邀请，与广洽、性常等一同到开元寺尊胜院“结夏安居”，研究律学，并宣讲《四分律含注戒本疏》及《四分律随机羯磨》，宣布成立“南山律学苑”。

1933年 泉州开元寺支院之一 大师于此处创建南山律学苑 尊胜院

6月7日，在开元寺作题为《放生与杀生之果报》的讲演。同日，还作了题为《敬三宝》之讲演。到开元寺第二月，弘一大师作《地藏九华垂迹图赞》，全文十颂，讲述了地藏菩萨垂迹的全部经过。

7月底，大师依《瑜伽师地论》，录下自誓的《受菩萨戒》全文，给法侣们随意在佛前自受。而后，继续编撰《戒本羯磨随讲别录》，于八月二十四开讲。此间大师还编定《南山道宣律师简谱》。

8月，至开元寺后一直在进行的点校《南山钞记》工作告一段落，大师亲自为之作跋。

8月31日，在泉州承天寺为幼僧作题为《常随佛学》的讲演。

9月19日，在开元寺作《菩萨璎珞经自誓受菩萨五重戒法》一文。

10月，大师游潘山，见晚唐诗人韩偓墓，感其与自己经历多似，遂萌为其作传之念。他搜集大量资料，嘱高文显撰写《韩偓传》，此传三年后完成，大师亲自为之作序。

1933 年 与广洽法师 高文显居士 摄于泉州

抗战前本拟由开明书局出版，后因毁于战火，遂未得问世。

是年秋季，在泉州承天寺作题为《改习惯》之讲演。并作《毗奈那质疑编》一文，后收入上海大藏经会一九五七年印行之《普慧藏》。

11 月初，大师完成《梵网经菩萨戒本浅释》，请瑞今法师代座，于妙释寺开讲。

11 月中旬，大师受城南草庵住持之请，偕传贯法师一同去草庵过冬。

1933 年 摄于泉州开元寺

1934 年摄于泉州开元寺

弘一大师曾挂锡泉州开元寺尊胜院的寮房

1934年 甲戌 民国二十三年 五十五岁

2月，应厦门南普陀寺常惺、会泉二位法师邀请，赴南普陀寺协助其整顿闽南佛学院之风纪，但因僧纪涣散因缘不具，遂另起炉灶，委托瑞今法师筹备在南普陀建立“佛教养正院”。

2月13日，除夕，弘一大师于草庵意空楼佛前，为传贯、性常二位法师选释《灵峰、益祭颁愚大师爪发钵塔艾》，而后书“绍隆僧种”大字横幅，赠与性常法师。

3月，“佛教养正院”正式建立，陆续培养出一大批优秀的佛教人才。弘一大师则隐居于“兜率陀院”，请校《大正藏经·戒律部》。

3月25日，作《行事钞资持记随讲别录》一文。

6月，于南普陀作《四分律行事钞资持记本考校序》《四分律含注戒本校序》及《随机羯磨疏跋》。

7月，于南普陀作《律相感动传校跋》。

8月6日，于南普陀作《四分律行事钞资持记校记》。

南普陀寺兜率陀院 大师在厦门的故居

8 月 22 日于南普陀作《四分律删补羯磨题记》。

9 月，继续居于南普陀。

9 月 29 日作《日本纹藏经校记》。

9 月 30 日作《华山见月律师行脚图跋》。

是月，在厦门万寿岩作题为《万寿岩念佛堂开堂演词》的讲演。

是年秋，在南普陀作《庄闲苏手书法华经序》《扶桑本南海奇归传解缆钞序》。

10 月，对明代见月大师之律学著作《一梦漫言》的校注告一段落，作《一梦漫言》《〈一梦漫言〉跋》，并作《见月律师年谱摭要跋》。

1934 年 大师在厦门南普陀寺倡办的佛教养正院

1935年 乙亥 民国二十四年 五十六岁

1月，为南山律学院之律学生心灿法师作《心灿禅师传》；是月又作《鼓山皮藏经版目录·序》。

3月，在厦门万寿禅寺作题为《净宗问辨》的讲演。是月，由广洽、传贯诸法师陪同，赴泉州开元寺，讲授《一梦漫言》。而后去温陵养老院小住数日。

4月，还由传贯、广洽二法师陪同，抵惠安崇武净峰寺为当地僧众讲演，至5月1日圆满结束。

5月3日系灵峰大师诞辰，宣讲灵峰大师之事迹；10日开始第二次校点《钞记》，至《受欲篇》，暂停，又开始校点《成疏记》。

6月7日系日本明忍律师之涅槃日，开讲《戒疏》至20日讲完第一册。

7月3日讲授《地藏九华示迹大意》。

8月5～7日，讲授《华严经·行愿品》偈颂；

23日，性愿法师莅临净峰；

1935 年 摄于厦门万寿岩讲经会

1935 年 摄于惠安科丰寺

1935 年 摄于泉州

25 日性愿法师讲授《佛法大要》。

10 月 1 日于净峰寺作《菩萨戒受随纲要表》一文，后收入上海大藏经会一九五七年编印之《普慧藏》。下旬，决定离开净峰回泉州，临行前留下《净峰别菊占绝》。

11 月 14 日在承天寺作题为《参学处与应读的佛书》之讲演，而后又至惠安乡间讲经弘法，作《惠安弘法日记》。

12 月，泉州承天寺请大师讲律，遂作名为《律学要略》之讲演。是月底生病，起初为“风湿性溃疡”，而后手足俱溃烂，伴以高烧，遂归泉州草庵养病，立遗嘱交传贯法师执行。

是次为大师一生中第二次大病。

1935 年与宽愿法师合影留念

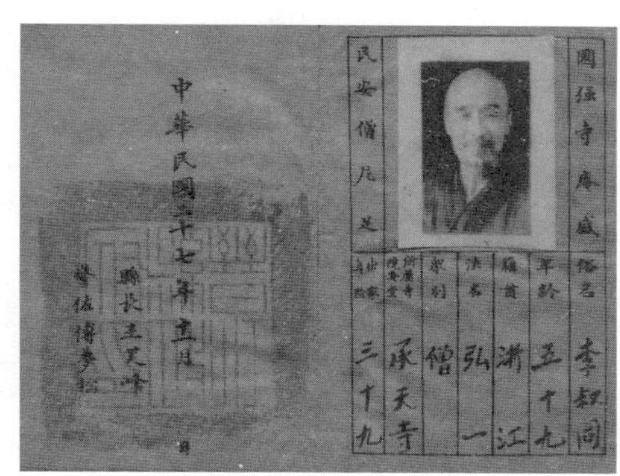

姓名	年龄	籍贯	法名	[illegible]	[illegible]	[illegible]
李叔同	五十九	浙江	弘一	僧	承天寺	三十九

中華民國二十七年

抗战初期
在承天寺所持有的
晋江县佛教徒身份证

1935 年冬 韩偓墓道碑前的晚晴老人 摄于泉州

1936年 丙子 民国二十五年 五十七岁

1月，病势有所好转。

2月，自泉州草庵移居厦门南普陀，经著名医生黄丙丁博士连续使用医药、电疗、注射等方法治疗，至五月初方痊愈。黄医生因钦敬大师之为人，拒收医药费“五六百金”，弘一大师遂书《心经》一卷及数件字幅赠谢。

3月，南普陀闽南佛教养正院开学，带病作题为《青年佛徒应注意的四项》讲演，以“惜福、习劳、持戒、自尊”四事，教育青年僧侣。

是年春季，应杭州《越风》杂志之约，口述《我在西湖出家之经过》一文，由高文显记录并整理，后刊于1937年1月《越风》杂志增刊《西湖》。

是年春季，为传贯法师亡母龚许柳女士书写《药师如来本愿经》，五年后，被影印出版，广为流传；另为去世的学生金咨甫书写《金刚经》，是年12月影印出版，徐悲鸿、丰子恺为之作插图。同期，作《奇僧法空禅师传》，发表于厦门《佛教会论》是年第三期。

4 月，大病痊愈。

5 月，移居鼓浪屿日光岩闭关静修，在此完成《道宣律师年谱》及《修学的遗事》。

是年夏季，与 12 岁的童子李芳远结识。李少年早慧，诗书俱佳，深得弘一大师喜爱，二人遂成“忘年交”。李芳远在大师圆寂后，陆续编印了《弘一大师年谱》《弘一大师文钞》《晚晴山房书简》等书，以纪念弘一大师。

《越风》所刊的弘一大师讲稿书影
1937 年 大师应此刊之请口述《我在西湖出家之经过》一文

1936年 摄于厦门鼓浪屿黄家渡

1936 年夏 摄于厦门鼓浪屿日光岩

6月，应上海佛学书局之约，在大量佛学书籍中，选唐怀信著《释门自镜录》，宋道诚辑《释氏要览》，宋灵芝著《释氏蒙求》等加以校点，编辑成《佛学丛刊》第一辑。该刊由世界书局之蔡因丐居士设计出版。

8月，继续闭关于日光岩，校录《东瀛四分律行事钞资持记通释》完毕。

是月，《清凉歌集》由上海开明书店出版发行。弘一大师作词，刘质平等作曲，夏丏尊作序。因词义较深奥，大师特请芝峰大师作《清凉歌集达旨》，犹如白话翻译，附于正文之后，便于读者阅读。

12月，著名文学家郁达夫专程由神户来日光岩拜访大师，大师赠之以《佛法导论》《寒笳集》《印光大师文钞》。

是月，大师离开日光岩，重返厦门南普陀，临别手书《佛说无量寿经》留赠日光岩清智长老。

是月，大师允诺刘质平，将编写《清凉歌集》续集，约作歌“五十”或“百八”首，供“高中、专科所用”。但遗憾的是，此事因种种原因未成。

1936年 弘一大师背影 摄于厦门鼓浪屿

1936 年 与虞愚（左）蔡吉堂（右）摄于厦门

1936 年 摄于厦门南普陀寺

1936 年 摄于厦门佛教养正院

1937年 丁丑 民国二十六年 五十八岁

2月，为佛教养正院之学僧们讲授《随机羯磨》。

是月，婉辞到厦门大学讲演的邀请，以表自己远离尘嚣清心净修之决心。

3月21日，在南普陀作《自恣法略例》一文，后收入上海大藏经会一九五七年印行之《普慧藏》。

3月28日，在南普陀作题为《南闽十年之梦影》之讲演，总结自己在闽十年的弘法经历。

是月，在南普陀作题为《弘一大师最后一言——谈写字的方法》之讲演。

4月，“厦门市首届运动会”筹备处请大师为运动会谱制“会歌”，初被大师婉拒，后筹备处又送上一首已完成的会歌请大师修改，此次大师慨然应允，对词和曲均进行了认真的修改。五月该歌在大会上演唱，受到广泛欢迎。

1937 年 摄于厦门南普陀寺

5月，青岛湛山寺住持谈虚派梦参法师专程赴厦门万寿岩恭请大师北上青岛弘法，大师为其诚意所感，偕传贯、仁开、圆拙三位法师，于旧历四月初五乘船北上，于20日抵达青岛湛山寺后，即开始讲律弘法。湛山寺一百多位法师俱聆听了大师与仁开法师的讲授，受益匪浅。自此之后，湛山寺常年轮讲《随机羯磨》与《四分律比丘戒相表记》这两部律学名著，并将律制广传至长春、哈尔滨等地。

5月29日，作《说戒法略例》一文，下旬作《安居法略例》一文，俱收入《普慧藏》一书，上海大藏经会1957年印行之。

6月，作《结戒场及大界法略例》及《受戒法略例》二文，后均收入《普慧藏》一书。

1937 年 摄于厦门万石岩

1937 年 赴青岛讲律 由厦门出发时摄于太原轮

1937 年 5 月 将赴青岛讲律 临行前与诸法师在厦门留影
左四为弘一大师
前排戴帽者为高文显居士
前排左二 会泉
后排左二 宏船
后排左三 传贯
后立穿灰白衣者 圆拙
右一 广义

7月，伴随卢沟桥事变，全面抗日战争爆发。青岛作为军事要地，形势甚为危急。大师教导僧众："念佛不忘报国，救国不忘念佛。"

9月，告别湛山寺诸僧，乘船返回上海。大师抵沪后，会晤挚友夏丏尊，并合影留念，又与夏丏尊、丰子恺、钱君匋等人在觉林蔬食处共进午餐。三天后，不顾友人之苦苦劝阻，毅然返回面临战火威胁的厦门，同行者有传贯、圆拙法师以及由苏州来的妙莲法师。

抵达厦门后，大师即居于万寿岩。不久，大师移居中岩，静修讲律。此间，厦门一带局势渐趋平静。

12月，大师离开厦门赴泉州晋江草庵寺，妙莲法师陪同前往。

1937 年秋 弘一大师慈影 摄于上海

1937 年 摄于上海

1938 年 戊寅 民国二十七年 五十九岁

1 月，在草庵宣讲《华严经 · 普贤行愿品》，至 20 日结束。

2 月，移居泉州承天寺，复讲《华严经 · 普贤行愿品》。而后，应泉州梅石书院之请，在书院作《佛教的源流与宗派》之讲演。

3 月，在泉州开元寺讲授《般若波罗蜜多心经》。13 日在开元寺慈儿院作题为《释迦牟尼佛为法舍身》之讲演，由吴栖霞记录并整理。

4 月，在泉州城内清尘堂讲授《华严大意》。

5 月，刘绵松居士代表漳州佛教界邀请大师去龙溪说法，大师遂于四日抵达漳州，挂单于南山寺。

5 月 8 日，厦门便告沦陷。

6 月，离开南山寺，去漳州东乡瑞竹岩避夏。

7 月 16 日，在漳州七宝寺作题为《佛法大意》之讲演。

8 月，于出家二十周年之际，回到漳州城内尊元经楼，宣讲《阿弥陀经》。

10月，性常法师来漳州迎请弘一大师回泉州，途经安海，在此弘法一月，在金墩祠宣讲《佛法十疑略释》《佛法宗派大概》《佛法学习初步》，此三文后辑成《安海法音录》问世。

11月，回到泉州承天寺。

是月，在清尘堂、光明寺等处宣讲《药师如来法门略录》《药师如来法门修持方法》。

12月，大师在浙一师任教时之学生时安溪县长石有纪来访，师生相见，感慨万端，后大师书唐代诗人李益诗寄赠石有纪。

是年冬，在泉州开元寺作题为《劝念佛菩萨求生西方》之讲演。

是年底，泉州防区司令有“嗜杀之名”的钱东亮来承天寺拜谒大师，大师劝其戒杀向善，钱东亮恭敬领教。

1938 年 摄于泉州承天寺
自左至右 瑞今法师 泉州日报社经理郑健魂 弘一法师
转尘法师 袁延年 高文显 传贯法师 广义法师 觉圆法师

1938 年 摄于漳州梅园

1938 年 摄于漳州梅园

1938 年 摄于漳州七宝寺

1938 年 摄于漳州尊元经楼

1938 年 与性常法师摄于泉州

1938 年 摄于晋江安海水心亭

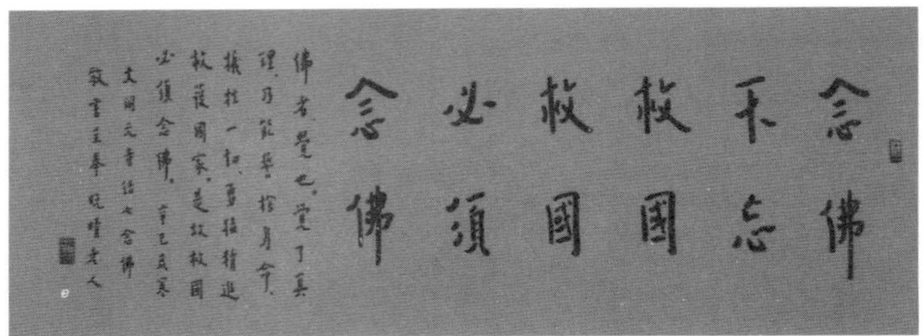

抗战时期 大师手书
念佛不忘救国 救国必须念佛
横额多幅分赠各方，勉勖诸佛弟子共赴国难

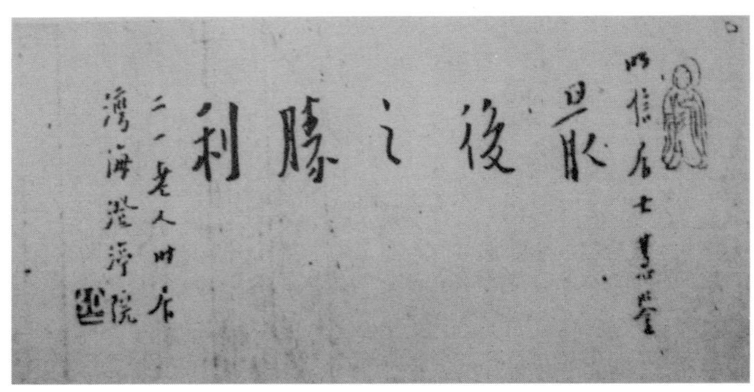

1938 年 10 月 弘一大师在安海题写“最后之胜利”

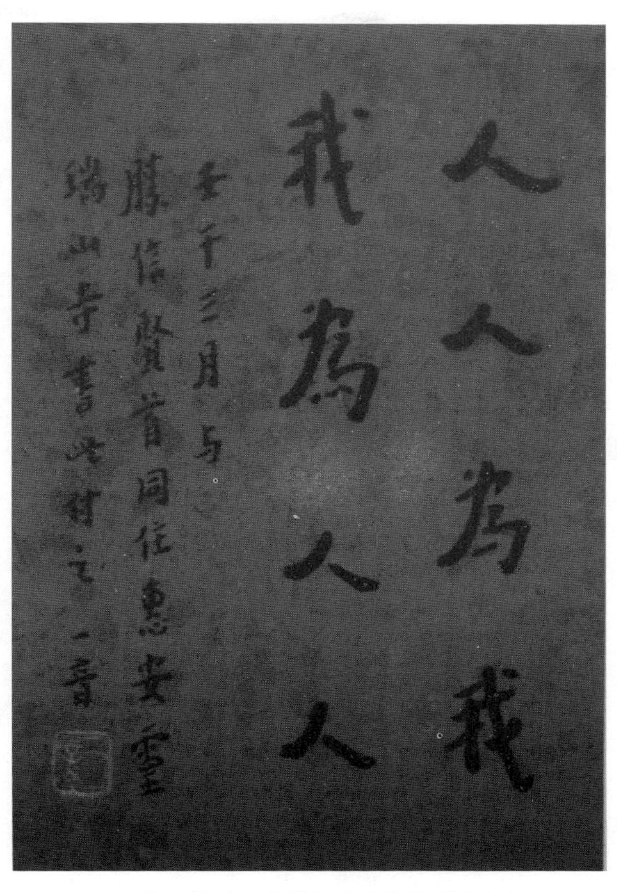

1942 年 3 月 弘一大师书 人人为我 我为人人

1939 年 己卯 民国二十八年 六十岁

1 月，在南普陀佛教养正院作题为《最后之□□》之讲演。是月，在泉州城郊清源山的一个石洞中，静居三十余天，方回到承天寺。

2 月，在承天寺闭关静养。其间著《云洞岩鹤鸣词记》一文，以纪念明代大儒蔡鹤峰。

3 月，在泉州光明寺作题为《药师法门修持课仪略录》之讲演。

4 月 14 日，大师由性常法师陪同乘车抵达永春，准备在此入山闭关静修。

15 日，由李芳远等陪同，游览永春著名风景区环翠亭。

16 日，在永春桃源殿作题为《佛教之简易修持法》之讲演，李芳远记录并整理，后在当地印行流传。

17 日，由性常法师、普济寺妙慧法师及在普济寺旁隐居学佛的林奉若居士陪同，弘一大师移居蓬壶普济寺山中，并未居于普济寺，而是居于林奉若为其安排的茅篷小屋内。自此，大师于是处安心静修，共居 572 日，编著大量佛学著作，如《四分律删繁补缺行事钞》《盗戒释相概略问答》《南山律在家备览略编》《华严疏分科》《受十戒善法》等，并撰《护生画集续集题词》等文。

5 月，在永春普济寺作题为《药师如来法门一斑》之讲演，由王世英记录并整理。

8 月，自阴历六月二十日起，在茅篷内掩关静修，为期一年。此间各方信件一概原封退回——极重要者由性常法师代为拆阅回复，亦不接待任何人的来访。

10 月 25 日，系大师之受戒纪念日，由性常法师代为约请普济寺诸僧在寺中会面晤谈。

11 月 1 日，农历九月二十日，系弘一大师六十寿辰，各方人士纷纷赋诗著文为弘一大师祝寿。广洽法师在新加坡请著名画家徐悲鸿为大师作油画像以作纪念。

12 月，致信李圆净，探讨《护生画集续集》的出版事宜。

1939 年 与黄柏即福海居士 摄于泉州

1939 年 摄于永春普济寺

1940年 庚辰 民国二十九年 六十一岁

1月，继续于普济山中闭关静修，因与外界断绝音信已久，各地遂风传“弘一大师业已在永春山中圆寂”，后由林奉若及《觉音》杂志出面辟谣，谣传方渐渐止息。

2月8日，农历春节起，恢复向求书者写赠书件，“凡本月3日前交来之书件现即书写，本月4日后交来者，须待夏季放香时再写”。

3月，《戒律系统科表》编著完成。同时拟编著《南山律学苑丛书》，上海哈同花园主罗迦陵愿出资为之影印出版，遂将《盗戒释相概略问答》交其付印，并拟将《南山律在家备览略编》分《宗体编》《持戒编》《忏罪编》三册，陆续编就出版。

是年春，大师肺病时有复发，身体状况每况愈下，每日由两餐改为早晨一餐。在编著大部律学要著之余，还写有《为傍生说三皈依略仪》等短文。

8 月底，掩关圆满结束，会见王梦惺等来访道友。

9 月 1 日，在永春普济寺作题为《普劝净宗道侣兼持诵〈地藏经〉要旨》之讲演，由王梦惺记录。

10 月，请性常法师致函在菲律宾弘法之性愿法师，建议在永春普济寺修建化身窑普同塔。

是月底，普济寺兴建法堂寺，公推弘一大师为“名誉主席”。

11 月，告别普济寺，先由普济山中至永春桃源殿，再乘船赴南安洪梅灵应寺，路上由传贯等法师随侍。

是月十六日，南安晋江各县立小学校长潘北山、林高怀等前往灵应寺请偈，并以教师生活清苦可否改业一事请教大师。大师言：“小学为栽培人才之基础，关系国家民族至关重大。小学教师目下虽太清苦，然人格实至高尚，未可轻易转途。”诸校长闻之深受教益。后大师又向一教师书赠《华严经》：

不为自己求安乐，但求众生得离苦。

是月，在南安灵应寺作《受八关斋戒法》一文。

1940 年 11 月 12 日 离永春赴南安
与性常法师 王梦惺（即锦机居士）在桃溪竹篷船留影

1940 年　永春临别留影　摄于云龙桥旁

弘一法师像
费新我绘

与在家文友合影 右一为马一浮 于上海

1940 年 大师自永春放舟晋江上游 顺流下南安

1941年 辛巳 民国三十年 六十二岁

1月，继续留住于南安灵应寺。

2月，痔疾发作，仍滞留于南安。

4月，佛诞节后，是大师亡母八十冥诞，大师终日为其母诵经祈祷。

5月，应檀林乡福林寺之邀，与传贯、性常法师一行由陆路到福林寺“结夏安居”。

大师于三个月的结夏期间，一方面向僧众宣讲律学，并作题为《略述印光大师之盛德》之讲演，同时编撰《律钞宗要随讲别录》及《晚晴集》。

秋季，应菲律宾之华侨佛徒之邀，拟赴菲弘法，因太平洋战争将起，局势险恶，在传贯法师等人的极力劝阻下，决定改期赴菲，因而幸免于难。此后困居厦门鼓浪屿。

11月，因泉州佛教界的恳诚邀请，再去泉州，先住百原寺，后居承天寺。

12月，返回福林寺。九日，《药师经析疑》编毕。

1941 年 摄于晋江福林寺

弘師道影　施至

1941 年 摄于晋江

1942年 壬午 民国三十一年 六十三岁

1月，于福林寺度过新年及春节。

2月，欲在福林寺闭关，因种种原因未成。

3月，大师在浙一师任教时之学生石有纪已由安溪县调任惠安县县长，派曾词源专程赴晋江福林寺邀请大师去惠安灵端山弘法讲经，大师即与之约法三章："不迎，不送，不请斋。"而后赴惠安讲经一个月。

4月，弘法圆满结束，返回泉州，因身体日渐衰老，赴福林寺闭关已无可能，遂居泉州百源寺。是年春季，著名文学家郭沫若托人向大师求字，遂书寒山诗：

我心似明月，碧潭澄皎洁；

无物堪比伦，教我如何说。

书件末尾署"沫若居士澄览"。

书毕委托李芳远寄赠郭沫若。

5月，在叶青眼居士及温陵养老院诸人的请求下，移居泉州开元寺温陵养老院"晚晴室"。妙莲法师代替传贯法师随侍于弘一大师左右，他是大师最后一任侍侣，大师临终将一切事宜都交由他代办处理。

此间，大师著有《持非时食戒者应注意日中之时》一文，对“过午不食”的时间作了具体界定。后又为福州怡山长庆寺手书《修建放生园池记》，这是大师的最后遗作。

7月，为李芳远第一本诗集《大方广宝诗初集》题词。

9月，于中秋之日在开元寺尊胜院讲《八大人觉经》及《净土法要》，由广义法师为之译成闽南话。这是大师一生中最后的讲经活动。

10月2日，应转道转逢二法师之请，为其书写大殿上的柱联，因过于劳累，旧病突发。病后第三天，为晋江中学的高中学生书写多幅字幅。

6日，宣布绝食。拒医。

此后，大师口述遗嘱，由妙莲法师记录：“当我还没有命终以前，以及生命终了之后，我的事全由妙莲法师一人负责，其他任何人毋用干预。”并在文后加盖印章。

大师特意叮嘱妙莲法师两点——

一、圆寂前后“助念”时，看到眼里流泪，这并不是留恋世间，挂念亲人，而是在回忆我一生的憾事，为一种悲欣交集的情境所感。

二、当呼吸停顿，热度散尽时，送去火葬，身上只穿这身破旧的短衣。遗体停龛时，要用小碗四个，填龛四角，以免蚂蚁闻臭味走上。应逐日将水加满，以防蚂蚁又爬上去，焚化时，损害了蚂蚁的生命。

此后两日，大师每天默念：“阿弥陀佛”。

10 月 10 日（阴历九月初），上午为黄福海书蕅益大师警训：

以冰霜之操自励，则品日清高；

以穹隆之量容人，则德日广大；

以切磋之谊取长，则学问日精；

以慎重之行利生，则道风日远。

下午，书“悲欣交集”四个大字交付妙莲法师，是为弘一大师临终绝笔。

10 月 13 日（农历九月初四），委请妙莲法师将预立遗嘱寄刘质平，言：

余命终后，凡追悼会、建塔及其他纪念之事，皆不可做。因此种事于余无益，反失福也。

倘欲做一事业与余为纪念者，乞将《四分律比丘戒相表记》印二千册。

书系为余出家以后最大之著作，故宜流通以为纪念也。

是日又委托妙莲法师向夏丏尊、刘质平、性愿法师分寄预先书写之诀别信，信云：

朽人已于九月初四日谢世。曾赋二偈，附录于后：

君子之交，其淡如水。

执象而求，咫尺千里。

问余合适，廓尔亡言。华枝春满，天心月圆。

前所记月日，系依农历也。谨达，不宣。

农历九月初四日晚八时，在妙莲等法师的助念声中，弘一大师于泉州温陵养老院安详圆寂。大师圆寂七日后，火化于泉州承天寺。

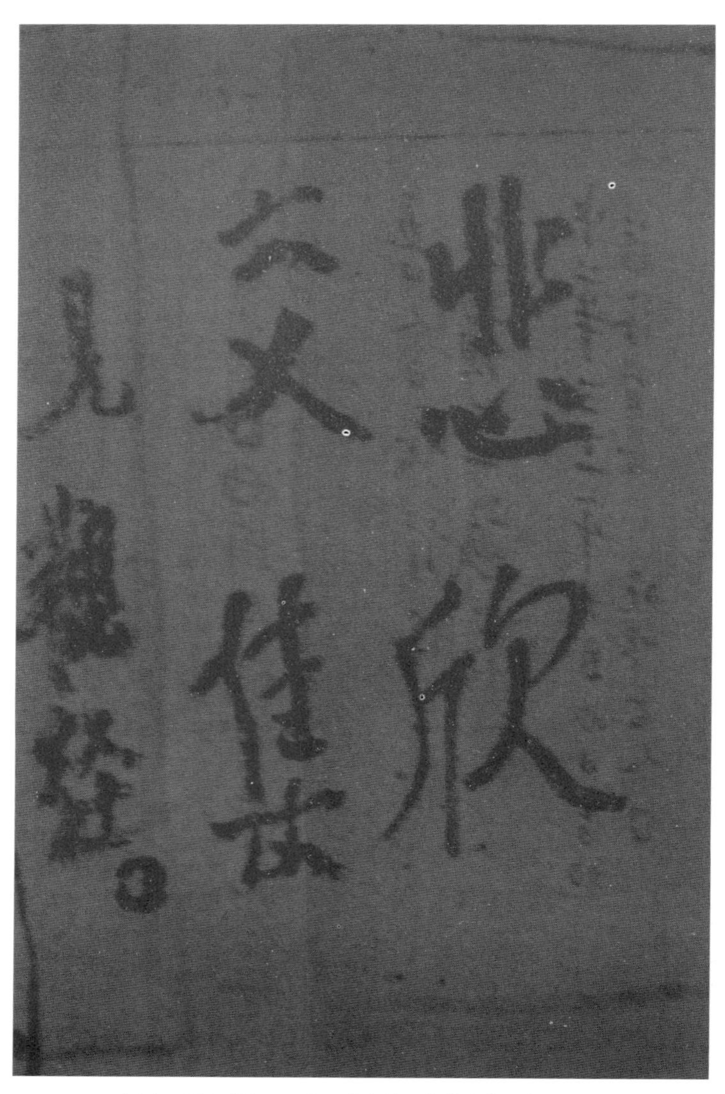

一九四二年九月初一 弘一大师书 悲欣交集 为最后绝笔

1942年与施至伟居士 摄于石狮

1942 年 摄于泉州百源寺
左 传如法师
中 弘一大师
右 广义

1942 年 摄于杭州开元寺 佛门弟子尊大师为南山律宗第十一代祖师

1942 年 摄于泉州

1942 年
摄于惠安

1942 年 摄于晋江福林寺

与浙江第一师范门生 左为石有纪

1942 年 摄于泉州

1942 年 弘一大师最后讲经处
朱熹讲学处泉州小山丛竹书院故址

1942 年 8 月 15 ~ 16 日
大师在此宣讲《佛说八大人觉经》
1944 年 泉州佛教会立碑纪念

1942 年
弘一大师最后讲经处
泉州小山丛竹书院故址
泉州佛教会立碑纪念

1948 年
丰子恺（中）
参谒大师最后讲经处

1942 年 摄于泉州弥陀寺

弘一大师所供佛像

惠安净峰寺 弘一大师故居

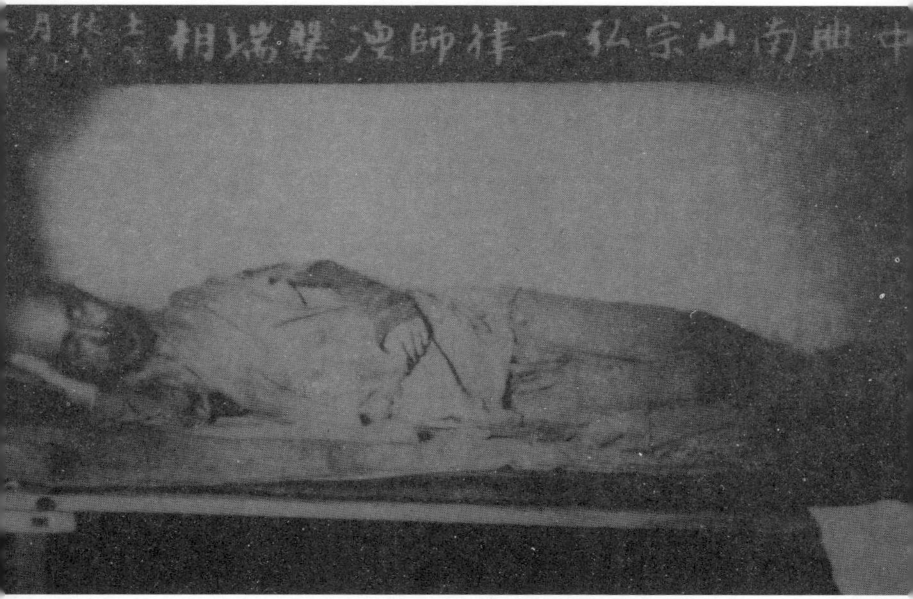

1942年秋 大师圆寂 摄于泉州

1943 年 弘一大师最初的骨灰塔 建于泉州温陵养老院

1952年，弘一大师之骨灰及舍利分别安置于泉州清源山弥陀岩及杭州虎跑寺，弘一大师舍利塔由丰子恺和叶圣陶等人捐资建筑。

1948年 奉送弘一大师灵骨上供于杭州招贤寺
前排 刘质平 刘胜宽 普行法师 弘伞法师
后排 吴梦非夫人 吴梦非 李鸿梁 潘锡九 乐欢法师 林子青 巨赞法师 李季谷

1952 年 在泉州清源山弥陀岩石建舍利塔

黄永玉绘弘一大师像

丰子恺绘弘一大师像